みたい！しりたい！しらべたい！

日本の妖怪 すがた図鑑

③ 動物のすがたをした妖怪

監修 常光 徹
序文 京極夏彦

ミネルヴァ書房

妖怪を作ってきた人びと

京極夏彦

形のないものをどう描くか

　ゾウやキリンのすがたを思い描いてみてください。たぶん、誰もが同じような形を思いうかべることでしょう。もし、そのすがたを絵にかいたなら、誰が見ても「ゾウだ」「キリンだ」とわかるはずです。多少ヘタクソでも、かわいらしいまんが風になっていたとしても、「何だかわからない」ということはないでしょう。

　それはなぜでしょう。私たちは本物のゾウやキリンを「知っている」からです。

　実物を見たことがなくても、絵や、映像は目にしているでしょうし、「鼻が長い」だとか「首が長い」という情報もあります。自分の知っている情報と一致する部分があるからこそ「ゾウだ」「キリンだ」と判断できるのです。まんがのキャラクターなどはまるでリアルではありませんが、どんなに実物からはなれた形でも、そうした特ちょうが一致するからこそゾウやキリンに見えるのです。それもこれも、実物のゾウやキリンがいるからです。

　では、妖怪はどうでしょう。妖怪は実

大きな耳、長い鼻、太い足などのとくちょうがあれば、どんなイラストでもゾウをかいたものだとわかる。

家がゆれたり、ぎしぎしと鳴ったりする現象は、科学的には強い風や湿度、温度が関係していると考えられる。
（写真協力：小田原市尊徳記念館）

物がいません。妖怪は「わからないこと」や「こわい気持ち」、「奇妙な気分」や「不気味なふんいき」など、形のないものごとをあらわしているわけですから、決まった形はないのです。実物がないのですから、どんなデザインでもかまわないはずです。

たとえば、「家がぎしぎし鳴った」としましょう。それを「不思議だな」と感じた誰かが「巨人が家をゆすっている」という想像をして、それをほかの人に説明するため、家をゆする巨人の絵をかいたとします。その人がそう感じたのですから、それはまちがいではありません。でも、同じような体験をした別の人は、全然ちがう想像をしているかもしれません。そ

うすると、巨人の絵は「その人だけ」が体験した不思議ということになります。

それは「怪しいもの」なのでしょうが、いわゆる「妖怪」ではありません。もしかしたら怪獣や宇宙人やロボットがゆすっていると想像する人もいるかもしれません。想像するのは自由ですから、何でもいいのです。

むかしの人は、そうした現象を「家鳴り」と名づけ、何かが家をゆすっているんだと説明しました。実際には何かがゆすっているわけではなく、いろいろな理由があるのですが、それは「わからない」ことだったので、別の説明をしたのです。ただ、「何がゆすっているのかわからない」では、説明として不十分です。そこで、

鳥山石燕がえがいた妖怪「家鳴り」。
(『画図百鬼夜行』鳥山石燕　川崎市市民ミュージアム所蔵)

たくさんの人が感じたままにいろいろな「家鳴り」を考え出しました。そのたくさんの「家鳴り」のなかから、みんなが「それらしい」と感じるものが残りました。それは、「人間ではない小さな何かが大ぜいで家のあちこちにとりついてゆすっている」というものでした。

多数決、というわけではありません。誰もが「ああ、そんな感じだな」というものが残ったということです。その「感じ」に合わないものは、ちがう名前が与えられ、別のものになったと考えればいいでしょう。たとえば生け垣をゆする「クネユスリ」などは、大ぜいでゆすると伝えられているわけではありません。

受けつがれる妖怪の形

さて、そこまでいくと、すがた形のほうもだいたい決まってきます。「家鳴り」を絵にかく人は「小さな何かが大ぜいでゆすっている」絵をかくことでしょう。でも、それだけでは同じ絵にはなりません。いろいろなデザインが好きかってにできてしまうからです。しかし、絵のほうもやはりいちばん「それらしい」ものが残るのです。その土地の言い伝えにしたがい、仏教画などの伝統的なデザイン

民俗学は、民間につたわる伝承をあつめ、民族の文化を研究する学問。柳田國男が日本の民俗学の基礎をつくった。(写真提供：福崎町立柳田國男・松岡家記念館)

をとりいれて、みんなが納得できる「それらしい」形が作られていきました。あとから描く人は、それらがなぜ「それらしい」のか考え、その「それらしさ」を受けついで描くことになります。そうしなくてはたくさんの人に受けいれてもらいにくいからです。

こうして、時間をかけて妖怪の形は決まってきたのです。そのうち、「この化け物はこんなすがたをしています」というお手本のようなものも描かれるようになります。

「家鳴り」は、いまでは「小鬼」のすがたで描かれることが多いのですが、それは江戸時代の鳥山石燕という絵師がかいたものにならっているからです。石燕は、それまでに描かれたたくさんの「化け物」の絵を「名前」とともに整理して、「それらしい」化け物の絵をたくさんかき残しました。それらはみな、現在「妖怪」として受けとられています。

妖怪は、個人がかってに作りだしたキャラクターではなく、その土地、その時代に生きる人たちが文化のなかでみとめた名前、性質、すがた形を持ったものなのです。個人が好きかってに作ったキャラクターは妖怪にはならないようです。

妖怪を描いた人たち

ただ、たとえ個人の創作物であっても、その土地、その時代の文化に受けいれられる条件をみたしていたならば、話は別です。たとえば竹原春泉斎という絵師は、石燕とちがってそれまでに描かれていない、「言い伝えはあるけれどまだ形がない」化け物にオリジナルのすがた形を与えました。春泉斎の描いた「小豆洗い」や「二口女」などは、現在では代表的な妖怪

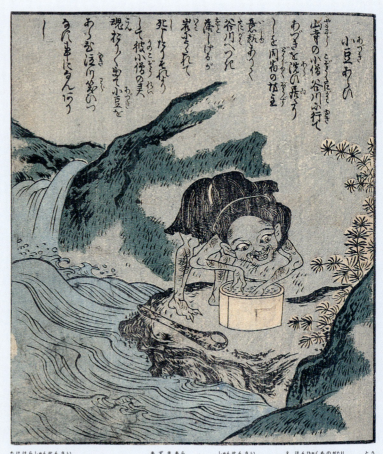

竹原春泉斎のえがいた「小豆洗い」。春泉斎は『絵本百物語』(桃山人文)のさし絵に多くの妖怪絵をえがいた。
(『絵本百物語』桃山人文、竹原春泉斎画　川崎市市民ミュージアム所蔵)

として受けいれられています。

さて、すがた形のない言い伝えなどに「それらしい」形を与えた人物としていちばんに挙げられるのは、やはりまんが家の水木しげるさんでしょう。水木まんがにはオリジナルのキャラクターもたくさん出てきますが、妖怪のほうはかってに作ったというわけではありません。

昭和になって、民俗学という学問が全国各地に伝わる怪しい言い伝えを集めはじめました。すると、同じようなものなのに、ちがう名前がついている化け物がたくさん見つかりました。たとえば「次第高」と「高坊主」はほとんど同じものです。江戸時代には「見越し入道」とい

う化け物の別名くらいに考えられていたので、すがたも同じでした。でも、調べてみると微妙に性質もちがっていることがわかりました。そこで、水木さんをはじめとするたくさんのまんが家や画家、造形家などが、それらを個別のキャラクターととらえ、別々の形を与えはじめたのです。そのため、妖怪キャラクターはどんどん増えましたが、それは一方で地域の文化を見なおすという効果も持っていました。

そうして完成したのが、現在私たちの知る「妖怪」なのです。

水木しげるさんのえがいた次第高（左）と高坊主（上）。次第高は中国地方につたわる妖怪で、見あげれば高くなり、見おろせば小さくなる。高坊主は、目鼻口のない背の高いお坊さんで、タヌキが化けたともいわれる。

も く じ

妖怪を作ってきた人びと●京極夏彦 ……… 2

キツネの妖怪 …………………………… 8
ちょうちんとりぎつね／やこ／はくぞうす／
おさんきつね／おとらぎつね／しのざききつね

タヌキの妖怪 ………………………… 12
かやつりたぬき／あかでんちゅう／ぼうずだぬき／
まめだぬき／おおぎせる／こぞうだぬき

ネコの妖怪 …………………………… 16
やまねこ／かみむすびねこ

ヘビの妖怪 …………………………… 18
のもり／のづち／ぬまごぜん

つばさのある妖怪 …………………… 20
ぬえ／にゅうないすずめ／ヒザマ／
おんもらき／フリカムイ

そのほかの妖怪 ……………………… 24
ひでりがみ／きゅうそ／のぶすま／オボ／
かにぼうず／つちぐも／オキナ

コラム 人をだますキツネとタヌキ ………… 28

図鑑の見方 ……… 7
全巻さくいん ……… 30

図鑑の見方

この本では、動物のすがたであらわれる妖怪を紹介しています。

【イラスト】
妖怪のすがたを、絵であらわしています。

【妖怪名】
妖怪の名前を、かなと漢字で紹介しています。

【解説】
妖怪のすがたやかたち、とくちょうを解説しています。

しのざききつね［篠崎狐］
出没地 東京都　別名 なし
危険度 😬 人を化かす

江戸時代、篠崎村というところにいた、いたずら好きなキツネです。商人が大声でしのざききつねをおどかしたしかえしに、化かされてこわい思いをしたそうです。

出没地 その妖怪がもくげきされたおもな都道府県を紹介しています。

別名 いくつか名前のある妖怪は、おもな名前を紹介しています。

危険度 下のマークで、その妖怪の危険度を区別しています。

👹 人をおそったり、命をとったりする妖怪。

😬 人をおどろかすていどのわるさししかしない妖怪。

😊 人のためになることをする妖怪。

キツネの妖怪

キツネの妖怪は、人にとりついたり化けたりして人間をだまします。

ちょうちんとりぎつね ［提灯取り狐］

| 出没地 | 長野県、大阪府 など、全国 | 別名 | なし |

危険度 人を化かして、ちょうちんやろうそくをうばう

ちょうちんをもって夜道を歩いていると、ちょうちんや、ちょうちんのなかのろうそくを、キツネにとられてしまうことがあります。ろうそくがキツネの好物だからだともいわれています。

やこ［野狐］

- 出没地 鹿児島県、長崎県 など、九州地方
- 別名 ヤコオ
- 危険度 人にとりつく

やこには、白い毛のものと黒い毛のものがいます。また、集団で行動することが多く、あつまった状態を「やこの千びきづれ」とよびます。人にとりついてわるさをしたり、とりついた人を病気のような状態にします。

はくぞうす ［白蔵主］

- 出没地 山梨県、大阪府
- 別名 白狐
- 危険度 😊 キツネを守る

はくぞうすは、お坊さんに化けたキツネです。キツネをつかまえてくらしていたりょうしに、キツネがりをやめさせようとして、りょうしのおじであるお坊さんに化けたという話がのこっています。

おさんきつね ［おさん狐］

- 出没地 鳥取県、広島県 など
- 別名 なし
- 危険度 😐 人をだます

うつくしい女に化けて男をまどわすなど、人をだますのがとてもうまいキツネです。とおりすがりの人や旅人などをだましますが、危害をくわえることはないようです。

おとらぎつね [おとら狐]

- 出没地　愛知県
- 別　名　なし
- 危険度　病気にする

おとらぎつねは、人にとりつくキツネです。いくさのながれだまをうけたり、りょうしにうたれたりして左目と左足がきずついたため、片目片足になってしまいました。とりつかれた人は、左目から目やにがでて、左足がいたむそうです。

しのざききつね [篠崎狐]

- 出没地　東京都　　別　名　なし
- 危険度　人を化かす

江戸時代、篠崎村というところにいた、いたずら好きなキツネです。商人が大声でしのざききつねをおどかしたしかえしに、化かされてこわい思いをしたそうです。

タヌキの妖怪

いろいろなものに化けるのがじょうずなタヌキの妖怪は、人を化かすのが大好きです。

かやつりたぬき ［蚊帳吊り狸］

- 出没地 **徳島県**
- 別名 **なし**
- 危険度 **人を化かす**

さびしい夜道にかや（カーテンのような大きな虫よけあみ）がつってあったら、かやつりたぬきのしわざです。このかやは、めくりながら進んでも前にもうしろにもつぎつぎとあらわれ、夜明けまででられません。心をおちつかせて、おへそのあたりに力をいれて進むと、そのうちでられるそうです。

あかでんちゅう ［赤殿中］

- 出没地 **徳島県**
- 別名 **なし**
- 危険度 **とくにわるさはしない**

夜道で、赤い殿中（そでのないはおりのこと）を着た子どもがおんぶをせがんできます。子どもの正体はタヌキなのですが、おんぶしてやると、せなかで足をバタバタさせてよろこびます。

ぼうずだぬき [坊主狸]

出没地 **徳島県**　別名 **なし**
危険度 **とおりかかる人をぼうず頭にする**

やぶのなかにひそんでいる化けダヌキです。夜にそのやぶのそばをとおると、ぼうずだぬきにかみを切られ、ぼうず頭にされてしまいます。

まめだぬき [豆狸]

- 出没地 宮崎県、兵庫県 など、西日本
- 別名 マメダ、トマッコ
- 危険度 人を化かす

人にとりついたり、人をだましたりする化けダヌキです。いたずら好きですが、人に危害をくわえることはほとんどありません。旅人がとまった家のたたみにたばこをおとしたところ、ざしきがまくれあがって野原にほうりだされたという、まめだぬきに化かされた話ものこっています。

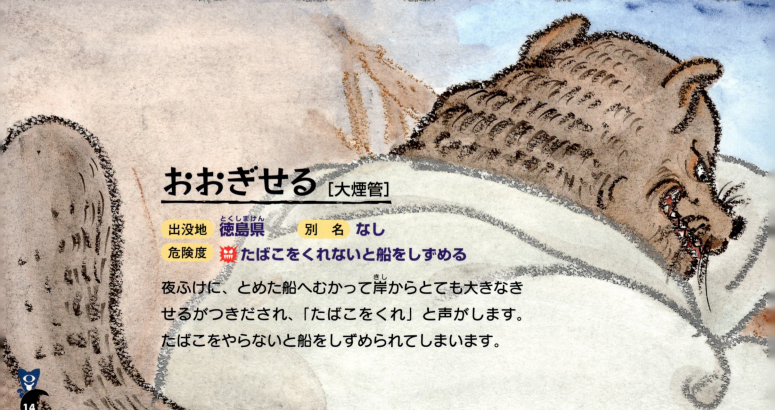

おおぎせる [大煙管]

- 出没地 徳島県
- 別名 なし
- 危険度 たばこをくれないと船をしずめる

夜ふけに、とめた船へむかって岸からとても大きなきせるがつきだされ、「たばこをくれ」と声がします。たばこをやらないと船をしずめられてしまいます。

こぞうだぬき [小僧狸]

出没地 徳島県　　別名 なし
危険度 人を化かす

こぞうに化けたタヌキが、夜道をいく人のじゃまをします。右によければ右へ、左によければ左へ、と行く手をふさぎます。刀で切りつけると倍にふえ、朝がくるまで化かされつづけます。

ネコの妖怪

長生きをしたネコは、あやしい術をつかったり、人にたたったりといったふしぎな力をもつと考えられていました。

やまねこ [山猫]

- 出没地 島根県、宮城県 など
- 別名 なし
- 危険度 いたずらをする

重さが1貫（約3.75キログラム）をこえたネコは化けネコとなり、人のことばを話すといわれています。山にでる化けネコは、山道を歩く人をまよわせたり、人に化けてすもうをとりたがったりと、いたずらをします。

かみむ･すびねこ ［髪結び猫］

- 出没地 京都府
- 別名 なし
- 危険度 😺 とくにわるさはしない

かみの長い、わかい女の人に化けたネコです。火の玉のとびかう墓場にいて、その長いかみをゆっています。

こわいだけではない化けネコ

年をとったネコは妖怪になりやすいといわれていて、ふしぎな現象をおこす化けネコの話は、全国にたくさんのこっています。有名な話に、「鍋島化けネコそうどう」があります。鍋島家がおさめていた佐賀藩（佐賀県）で、藩主が家来を切りころしてしまいました。そして、ころされた家来の母親もかなしみのあまり死んでしまいます。すると、母親のかっていたネコが化けネコとなり、さまざまな怪異がおきるようになりました。化けネコはおそろしい存在ですが、かいぬしのかたきをとるために化けものになったネコは、かいぬしに忠義をつくしたのだともいえます。

また、化けネコは手ぬぐいをかぶっておどるのが好きだとされています。かいぬしの家の手ぬぐいをもっていき、それを頭にかぶってうしろ足でたっておどるそうです。むかしから人間のそばにいたネコは、妖怪になってもしたしみのもてる存在だったようです。

化けネコの登場する話は、歌舞伎や浮世絵などの題材にもされた。この絵には、手ぬぐいをかぶっておどるネコもえがかれている。
（『日本駄右衛門猫之古事』歌川国芳　山口県立萩美術館・浦上記念館所蔵）

ヘビの妖怪

ヘビのすがたをした妖怪は、おそろしい力をもっています。

のもり [野守]

- 出没地 **長野県**
- 別名 **野守虫**
- 危険度 **きずつけた人にたたる**

3メートルもあるヘビの体に、足が6本、その指も6本ずつあるという妖怪です。山の神ともいわれており、きずつけたりころしたりするとたたりがあるといわれています。

のづち [野槌]

- 出没地 **奈良県、岐阜県 など**
- 別名 **野之霊、乃豆知、ツトッコ**
- 危険度 **かみつく**

ふかい山おくにすむ、柄のない木づちのようなかたちをしたヘビの妖怪です。大きな口をもっており、坂をころがりおりて人にかみつきます。かまれたら死にますが、坂をのぼるのはおそいので、高いところへにげるとよいとされています。

ぬまごぜん ［沼御前］

出没地	福島県
別名	なし
危険度	ちかづく人に害をなす

福島県の沼沢湖のぬしだとつたえられている大蛇です。長いかみの美女などに化けて、人をまどわしたりおそったりします。

つばさのある妖怪

つばさをもつ妖怪は、空からあらわれてぶきみな声でなき、人びとをこわがらせてきました。

ぬえ [鵺]

- 出没地 京都府
- 別名 なし
- 危険度 人をこわがらせる

もともとは、夜中にさみしい声でなく鳥をぬえといい、そのなき声がきこえると不吉だとされていました。あるとき、毎晩のように黒い雲の怪物があらわれて天皇をおびやかしました。これに矢をはなったところ、頭がサル、体がタヌキ、手足がトラで、しっぽがヘビという怪物がおちてきました。なき声がぬえにそっくりだったことから、この怪物もぬえとよばれています。

にゅうないすずめ ［入内雀］

出没地 **京都府**　別名 **実方雀**
危険度 **ごはんや農作物を食べてしまう**

平安時代、藤原実方という人がいいあらそいのすえにさわぎをおこし、京都から東北地方へおいやられてしまいました。都をこいしく思いながら死んだ実方の霊は、にゅうないすずめとなって京都にあらわれました。にゅうないすずめは、ごはんや農作物をたいらげてしまうそうです。

ヒザマ [火玉]

- 出没地 鹿児島県
- 別名 なし
- 危険度 火事をおこす

ニワトリのようなすがたで、火事をおこすとされておそれられている妖怪です。なかみの入っていないかめやおけにやどるため、ヒザマがつかないよう、かめやおけにはつねに水をいれたり、ふせておいたりします。

おんもらき [陰摩羅鬼]

- 出没地 京都府
- 別名 なし
- 危険度 とくにわるさはしない

もともとは古代中国からつたわった、黒いツルのような鳥の妖怪です。新しい死体からでる霊気が変化して、このようなすがたになったといわれています。なき声はかん高く、人の声のようだといいます。

フリカムイ

- 出没地 **北海道**
- 別　名 **フリー、ヒウリ、フレウ**
- 危険度 🈲 **人や家畜をさらう**

片ほうのつばさだけで7里（約28キロメートル）もあるという、大きな鳥の妖怪です。クジラでもわしづかみにできる巨大な足で、人やけものをさらっていってしまいます。

そのほかの妖怪

日本各地につたわる伝説のなかには、いろいろな生きもののすがたをした妖怪もでてきます。

ひでりがみ ［魃］

| 出没地 | 全国の山おく | 別名 | なし |

危険度 ひでりをおこす

もともと古代中国にいた妖怪です。サルのようなすがたで、手足は1本ずつしかなく、目は頭の上についているといいます。風のようにはやく走り、あらわれるとひでりになるといわれています。

きゅうそ ［旧鼠］

出没地 奈良県 など
別名 なし
危険度 人をおそうこともある

ネズミが長生きをすると、きゅうそという妖怪になるといわれています。体がとても大きく、ネコをころしたり、食べてしまったりできるほどです。ぎゃくに、なかよくなったネコのうんだ子どもを育てたという話もあります。

のぶすま [野衾]

- 出没地 東京都、宮城県 など
- 別名 フスマ
- 危険度 血をすう

ムササビの化けた妖怪で、ふわりととんできて人の目や口をふさいでしまいます。また、夜道をいく人のたいまつをけしてしまったり、人や家畜をおそって血をすうこともあるといいます。

オボ

- 出没地 群馬県
- 別名 なし
- 危険度 歩く人のじゃまをする

オボはイタチのようなすがたの妖怪です。山のなかをいく人の足にまとわりつき、赤んぼうのようななき声をあげ、歩くのをじゃまします。刀についているひもや、きもののすそを切ってなげると、にげることができます。

25

かにぼうず [蟹坊主]

- 出没地 山梨県、富山県 など
- 別　名 なし
- 危険度 寺にきた人をころす

寺にあらわれる大きなカニの妖怪です。みずからお坊さんに化けて、その寺にやってきたお坊さんに問答をしかけ、こたえられなければころしてしまいます。「おまえはカニだ！」というと正体をあらわします。

つちぐも [土蜘蛛]

- 出没地 奈良県、京都府 など
- 別名 なし
- 危険度 人を食う

山のなかにすみ、口からはいた糸で人をつかまえて食べてしまう、おそろしいクモの妖怪です。平安時代の武将、源頼光がたいじしたつちぐもの死体からは、なんと1990人ぶんものどくろがでてきたそうです。

オキナ

- 出没地 北海道
- 別名 アドイコロカムイ、チカイタチベ
- 危険度 とくにわるさはしない

クジラをのみこんでしまうほどの巨大な魚の妖怪です。3つの島のようなすがたをしていますが、その全身を見たものはいません。

コラム

人をだますキツネとタヌキ

ふしぎな力をもつとされるキツネとタヌキには、伝説も多くのこっています。

美女に化けるキツネ

日本では、むかしからふしぎなことや原因のわからないことがおきると、キツネやタヌキのしわざだとされてきました。妖怪のなかにも、その正体がキツネやタヌキとされるものが多くいます。どちらの動物も、なにかに化けたり、人を化かしたり、人にとりついたりする力をもっていると考えられてきたのです。

キツネがふしぎな力をつかうという考えは、もともと中国にあったものです。古代中国では、キツネは50さいまで生きると変身する力を身につけ、100さいまで生きると美女に化けるのがうまくなり、1000さいになると神さまにつうじる力をもつ「天狐」になるといわれていました。また、キツネはうつくしい女の人に化けることが多いのですが、これは中国からつたわる陰陽の考えかたにもとづきます。世のなかのすべてのものは陰と陽のふたつに分類され、おたがいに影響しあっているという考えかたです。キツネは陰の動物なので、陽とされる男性の気をとりこむため、美女に化けて男をだますのだとされました。美女に化けたキツネと結婚して子どもがうまれたという話は、いくつものこっています。

有名な陰陽師、安倍晴明の母親は、葛の葉という名前の白いキツネだったとされる。
(『芦屋道満大内鑑』豊国三代　写真提供：信太の森ふるさと館)

阿波たぬき合戦の舞台となった小松島市には、高さ5メートルという世界一大きいタヌキの像がある。（写真提供：小松島市産業振興課）

小松島市の日峰山のふもとには、金長たぬきをまつった金長神社がたてられている。（写真提供：小松島市産業振興課）

四国のタヌキ伝説

　いっぽう、タヌキは人間の男女や物、おそろしいすがたの化けものやほかの動物など、さまざまなものに化けます。「キツネの七化け、タヌキの八化け」と、タヌキのほうが化けるのはうまいといわれるほどです。化けて人をだますといってもいたずらであることが多く、なにもしていない人間に危害をくわえることはほとんどありません。

　また、四国には、タヌキの話が多くのこっています。これは、四国で修行をした空海（弘法大師）がキツネを四国からおいだし、タヌキをかわいがったためといわれます。ここで四国にのこる有名な伝説をひとつ紹介しましょう。

阿波たぬき合戦

　江戸時代、六右衛門たぬきという親分のもとで金長たぬきが修行をしていました。六右衛門は金長と自分のむすめを結婚させようとしますが、金長はことわりました。親分のあとをつぐよりも、自分をたすけてくれた人間に恩がえしをしたかったからです。金長の返事に六右衛門はおこりました。そして、阿波（徳島県）じゅうのタヌキが六右衛門側と金長側にわかれて戦う大戦争となりました。戦いは三日三晩つづき、六右衛門が死に、金長が勝ちました。しかし、金長も戦いでうけた傷がもとで死んでしまいました。

29

全巻さくいん

みかた

```
            あ─┐
               ├─ 行
 あおぼうず ……… ❷P13
 妖怪名        巻数 ページ数
```
❶ 女のすがたをした妖怪　❷ 男のすがたをした妖怪
❸ 動物のすがたをした妖怪

あ

- あおぼうず ……… ❷P13
- 赤い紙、青い紙 ……… ❶P24
- 赤いはんてん ……… ❶P24
- あかシャグマ ……… ❷P11
- あかでんちゅう ……… ❸P12
- あかマント ……… ❷P25
- あとおいこぞう ……… ❷P9
- あぶらとり ……… ❷P23
- あまざけばばあ ……… ❶P20
- あめふりこぞう ……… ❷P11
- いそおんな ……… ❶P11
- いっかんこぞう ……… ❷P9
- うすおいばばあ ……… ❶P21
- おおぎせる ……… ❸P14
- おおくび ……… ❶P15
- おおぼうず ……… ❷P15
- オキナ ……… ❸P27
- おさんきつね ……… ❸P10
- おしろいばばあ ……… ❶P20
- おとらぎつね ……… ❸P11
- オハチスエ ……… ❷P19
- オボ ……… ❸P25
- 陰陽師 ……… ❶P29
- おんもらき ……… ❸P22

か

- かくればばあ ……… ❶P21
- かじがかか ……… ❶P21
- かたわぐるま ……… ❶P23
- かつらおとこ ……… ❷P20
- かにぼうず ……… ❸P26
- かみむすびねこ ……… ❸P17
- かめひめ ……… ❶P9
- かやつりたぬき ……… ❸P12
- 華陽夫人（天竺） ……… ❶P28
- かわじょろう ……… ❶P10
- がんばりにゅうどう ……… ❷P14
- きゅうそ ……… ❸P24
- 九尾のキツネ ……… ❶P28、29
- きよひめ ……… ❶P8
- 金長たぬき ……… ❸P29
- 空海 ……… ❸P29
- くらばばあ ……… ❶P20
- くろぼうず ……… ❷P16
- ケータイババア ……… ❶P27
- こぞうだぬき ……… ❸P15
- ごろうじん ……… ❷P19
- こんにゃくばばあ ……… ❶P18
- こんにゃくぼう ……… ❷P14

さ

- さとるくん ……… ❷P26
- しがまにょうぼう ……… ❶P13
- しきじろう ……… ❷P23
- したながうば ……… ❶P19
- しのざききつね ……… ❸P11
- ジャンピングババア ……… ❶P27
- しゅのばん ……… ❷P22
- しろぼうず ……… ❷P17
- すきまおんな ……… ❶P22
- そろばんぼうず ……… ❷P13

た

- たかにゅうどう ②P15
- 妲己(殿) ①P28
- 玉藻前 ①P28、29
- ちいさいおじさん ②P24
- ちょうちんとりぎつね ③P8
- ちょうめんようじょ ①P14
- 付喪神 ②P28
- つけひもこぞう ②P10
- つちぐも ③P27
- テケテケ ①P24
- てのめ ②P21
- 天狐 ③P28
- とうふこぞう ②P10

な

- ななひろにょうぼう ①P15
- にゅうないすずめ ③P21
- ぬえ ③P20
- ぬまごぜん ③P19
- のづち ③P18
- のぶすま ③P25
- のもり ③P18

は

- はくぞうす ③P10
- 化けネコ ③P16、17
- はまひめ ①P11
- ひがんぼうず ②P16
- ヒザマ ③P22
- ひでりがみ ③P24
- ひよりぼう ②P12
- ふたくちおんな ①P12
- フリカムイ ③P23
- 褒姒(周) ①P28
- ぼうずだぬき ③P13
- ほうそうばばあ ①P18
- ほねおんな ①P22

ま

- まくらこぞう ②P11
- まめだぬき ③P14
- マラソンおじさん ②P27
- みかりばあさん ①P17
- ムラサキババア ①P25
- もめんひきばばあ ①P16
- ももんじい ②P18

や

- やこ ③P9
- やなぎばばあ ①P16
- やまじじ ②P19
- やまねこ ③P16
- やまひめ ①P10
- やまわろ ②P8
- ヤンボシ ②P21
- よじばば ①P25
- よなきばばあ ①P19

ら

- 六右衛門たぬき ③P29

数字

- 100メートルババア ①P26
- 100キロババア ①P26
- 3センチおばけ ②P27

■監修

常光　徹（つねみつ　とおる）
1948年高知県生まれ。國學院大学を卒業後、都内の中学校教員を経て、現在、国立歴史民俗博物館教授。日本民俗学会、日本口承文芸学会会員。著作に『学校の怪談－口承文芸の展開と諸相』『しぐさの民俗学－呪術的世界と心性』（ミネルヴァ書房）、『学校の怪談』シリーズ（講談社）など多数。

■序文（2～6ページ）

京極　夏彦（きょうごく　なつひこ）
1963年北海道生まれ。広告代理店勤務などを経て、デザインなどを手がける制作プロダクションを設立。1994年『姑獲鳥の夏』で小説家デビュー。著書に『魍魎の匣』、『嗤う伊右衛門』、『覘き小平次』、『巷説百物語』、『ルー＝ガルー』シリーズなど多数。世界妖怪協会・世界妖怪会議評議員、関東水木会会員。妖怪について、造詣が深いことで知られる。
公式HP「大極宮」http://www.osawa-office.co.jp/

■絵

中田　由見子（なかだ　ゆみこ）
1955年山梨県生まれ。少女まんが家としてデビュー後、イラストレーターとして活躍。著作に『マンガ百人一首』『マンガ好色五人女』（ともに平凡社）ほか、挿絵に『レインボー英和辞典』（学習研究社）などがある。

企画編集	こどもくらぶ
装丁・デザイン	長江　知子
Ｄ　Ｔ　Ｐ	株式会社エヌ・アンド・エス企画

■参考図書

『改訂綜合日本民俗語彙』編／民俗學研究所　平凡社　1955年
『日本の民俗　神奈川』著／和田正洲　第一法規出版　1974年
『日本昔話事典』編／稲田浩二・大島建彦・川端豊彦・福田晃・三原幸久　弘文堂　1977年
『民間信仰辞典』編／桜井徳太郎　東京堂出版　1980年
『日本伝奇伝説大事典』編／乾克己・小池正胤・志村有弘・高橋貢・鳥越文蔵　角川書店　1986年
『別冊太陽　日本のこころ57　日本の妖怪』平凡社　1987年
『妖精事典』編著／キャサリン・ブリッグズ　冨山房　1992年
『日本民俗大辞典　上』編／福田アジオ・新谷尚紀・湯川洋司・神田より子・中込睦子・渡邊欣雄　吉川弘文館　1999年
『日本妖怪大事典』編著／村上健司　角川書店　2005年
『江戸の怪奇譚－人はこんなにも恐ろしい』著／氏家幹人　2005年
『妖精学大全』著／井村君江　東京書籍　2008年
『図解雑学　絵と文章でわかりやすい！　日本の妖怪』編著／小松和彦　ナツメ社　2009年
『図説　妖怪画の系譜』編／兵庫県立歴史博物館・京都国際マンガミュージアム　河出書房新社　2009年
『図解　日本全国おもしろ妖怪列伝』著／山下昌也　講談社　2010年
『文庫版　妖怪の理　妖怪の檻』著／京極夏彦　角川書店　2011年

みたい！しりたい！しらべたい！
日本の妖怪すがた図鑑　③動物のすがたをした妖怪

2012年3月20日　初版第1刷発行　　検印廃止

定価はカバーに表示しています

監修者　常光　徹
発行者　杉田啓三
印刷者　金子眞吾
発行所　株式会社ミネルヴァ書房
607-8494 京都市山科区日ノ岡堤谷町1
電話 075-581-5191／振替 01020-0-8076

©こどもくらぶ, 2012　印刷・製本　凸版印刷株式会社

ISBN978-4-623-06297-3
NDC388／32P／27cm
Printed in Japan

いまもむかしも、こわいけど大好き!?
妖怪をあらわれるときのすがた別に大紹介!

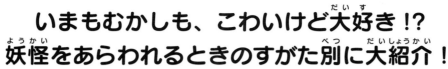

みたい！しりたい！しらべたい！
日本の妖怪 すがた図鑑
全3巻

監修 **常光 徹**　序文 **京極夏彦**
27cm　32ページ　NDC388
オールカラー　小学校中学年〜高学年向き

....

① 女のすがたをした妖怪
② 男のすがたをした妖怪
③ 動物のすがたをした妖怪

「日本の妖怪大図鑑」もおもしろいよ！
① 家の妖怪　② 山の妖怪　③ 海の妖怪

『日本の妖怪すがた図鑑』に登場する、

全妖怪の危険度早見表

1 女のすがたをした妖怪

😀	人のためになることをする妖怪	かわじょろう	
😑	人をおどろかすていどのわるさしかしない妖怪	ふたくちおんな しがまにょうぼう ちょうめんようじょ おおくび ななひろにょうぼう もめんひきばばあ やなぎばばあ よなきばばあ	おしろいばばあ くらばばあ うすおいばばあ ほねおんな すきまおんな
👹	人をおそったり、命をとったりする妖怪	きよひめ かめひめ やまひめ いそおんな はまひめ みかりばあさん ほうそうばばあ こんにゃくばばあ したながうば あまざけばばあ	かくればばあ かじがかか かたわぐるま テケテケ ムラサキババア よじばば 100キロババア ジャンピングババア 100メートルババア ケータイババア